CONFÉRENCE

12 Mars

1904

LES
CATHÉDRALES DE COME
ET
BERNARDINO LUINI

SOCIÉTÉ D'ÉTUDES ITALIENNES

LES CATHÉDRALES DE COME

ET

BERNARDINO LUINI

CONFÉRENCE

donnée le 12 Mars 1904

PAR

GUSTAVE CLAUSSE
Architecte
Lauréat de l'Institut
Membre des Académies de Beaux-Arts
de Rome (Saint-Luc) et de Florence

PARIS
GAZETTE DES BEAUX-ARTS
8, RUE FAVART
1904

Mesdames, Messieurs,

Bâle, Lucerne et le Saint-Gothard; voici certes une des voies les plus pittoresques et les plus intéressantes à parcourir pour se rendre de France en Italie. Mais si le mot parcourir voulait dire passer une vingtaine d'heures en chemin de fer et atteindre rapidement son but, que de belles choses et que de souvenirs ne laisserait-on pas de côté, que de villes, petites ou grandes, aurait-on le regret de ne pas avoir visité?

Bâle, la première, quoique bien modernisée, possède encore outre sa belle cathédrale, quelques monuments curieux du Moyen-Age, et un Musée où Holbein règne en maître, non seulement par ses tableaux, mais surtout par ses nombreux et admirables dessins.

Lucerne, doucement inclinée sur le bord de son lac, est plus coquette. Elle a cependant une origine bien ancienne. La Lucerna des Romains prenait son nom du phare ou lanterne qui éclairait son port et l'entrée de la Reuss. Quelques restes de fortifications, tours ou remparts, deux vieux ponts de bois décorés, sous l'abri de leur toiture, par de nombreux tableaux représentant des faits de guerre ou des épisodes d'une naïve danse des Morts, témoignent de l'importance qu'avait acquis la ville au Moyen-Age. La Renaissance est représentée à Lucerne par la façade de son antique cathédrale et par le charmant Hôtel-de-Ville. Parmi les monuments modernes, que de souvenirs dramatiques de Lion de Thornwalsen n'évoque-t-il pas?

A l'autre extrémité du lac des Quatre-Cantons se trouve Altorf, cette ancienne ville impériale témoin du célèbre coup d'arbalète de Guillaume Tell, et berceau de la liberté suisse. Puis, en suivant l'étroite vallée de la Reuss, dominée par de hautes montagnes, en traversant les grottes les plus sauvages, on atteint la vallée d'Audermatt et le vieux village fortifié d'Hospental; enfin, par une longue gorge dénudée, on arrive au col du Saint-Gothard.

Sur l'autre versant, on trouve Airolo, où débouche le grand tunnel, Faido, et plus bas, la ville de Belinzona qui mêle les vives colorations de ses jolies maisons aux tons sombres des vieux murs crénelés de son antique forteresse. Mais voici bientôt Lugano, échelonnée sur les derniers contreforts des Alpes, et reflétant ses élégantes villas dans les eaux bleues de son lac. Ce n'est pas encore l'Italie, mais du moins, c'est le soleil, la lumière et la gaieté répandus à profusion à travers cette pittoresque nature. Au reste, le territoire de Lugano faisait autrefois partie du duché de Milan, le duc Maximilien Sforza, par une donation que ratifia le roi de France François Ier, en fit présent aux Suisses pour payer leurs services. Nous reviendrons tout à l'heure à Lugano; mais poursuivons notre route pour arriver à Côme la ville la plus intéressante de toute cette merveilleuse contrée que l'on nomme la Région des lacs italiens.

COME

La ville de Côme est remarquable, non-seulement par sa situation à l'extrémité du beau lac auquel elle a donné son nom, non-seulement par les hommes illustres qu'elle a vu naître, tels que Pline le Jeune, l'historien Paul Jove, et le physicien Volta, mais aussi par l'importance de ses monuments et la valeur des œuvres d'art qu'ils renferment ; l'architecture, la peinture et la sculpture s'y trouvent admirablement représentés.

Ville fort ancienne du reste, conquise par les Romains sur les Etrusques, Côme fut en partie détruite par les Milanais contre lesquels elle avait soutenu une lutte acharnée. Frédéric Barberousse la fit reconstruire vers 1162, mais elle perdit son autonomie et finit par faire partie du duché de Milan dont elle suivit toutes les destinées. Aussi, Côme offre-t-elle encore de superbes traces de sa haute antiquité ; pour n'en citer qu'un exemple, l'église de San-Fedele a pris la place d'un ancien temple de Jupiter dont les colonnes ornèrent jusqu'au commencement du XIXe siècle l'atrium qui la précède. Mais de toutes les églises de Côme, l'ancienne cathédrale placée sous le vocable de Saint-Abondio, un des premiers évêques de la contrée, est de beaucoup la plus intéressante, et mérite d'être étudiée avec quelques détails.

Elevée une première fois au Ve siècle, reconstruite dans de plus grandes dimensions, mais sur le même emplacement à la fin du XIe siècle, en 1063, en même temps qu'un couvent de moines bénédictins, la basilique de Saint-Abondio, aujourd'hui située en dehors de la ville, est un des types les plus remarquables de l'architecture lombarde, c'est-à-dire de ce style romano-bizantin que l'on retrouve dans toute la Lombardie, depuis le VII, jusqu'au XIIe siècle.

Il ne nous paraît pas nécessaire de refaire ici son histoire. Disons seulement que son plan indique cinq nefs séparées par des colonnes, fortes et trapues de chaque côté de la grande nef, grêles et élancées entre les nefs latérales ; ces cinq nefs se terminent par cinq absides, celle du milieu, très profonde, forme le chœur ; les autres ne sont que des absidioles. Des charpentes apparentes recouvrent ces nefs, donnant naissance à un comble à deux versants sur celle du milieu et à de simples appentis sur les côtés. Deux tours ou clochers élevés à l'extérieur, de chaque côté de la grande abside, complètent le monument et déterminent son caractère architectonique. Tant à l'intérieur qu'à l'extérieur règne une abondante ornementation peinte et sculptée comprenant tous les éléments décoratifs adoptés par le style lombard.

BASILIQUE DE SAINT-ABONDIO

ANCIENNE CATHÉDRALE DE CÔME (XIe SIÈCLE)

L'Eglise de Saint-Abondio, telle qu'on la voit aujourd'hui, représente donc exactement l'ancienne cathédrale de Côme au XIe siècle, moins cependant le jubé qui séparait le chœur des moines d'avec les nefs, moins l'ambon qui servait au lecteur, et moins aussi l'atrium qui la précédait et dont a reconnu les fondations.

On ignore absolument quel a été l'architecte de l'église de Saint-Abondio, mais on en connaît du moins les constructeurs : ils s'appelaient les MAESTRI COMACINI. On a prétendu que ces ouvriers faisaient partie, ou pour mieux dire, formaient à eux seuls, une société secrète ; cela peut être ; mais ces Maestri Comacini avaient pris au Moyen-Age une telle importance qu'il nous paraît intéressant d'en dire ici quelques mots.

Non loin du village de Tremezzo, en suivant la rive gauche du lac de Côme, on rencontre une île appelée de tout temps Comacina. Au moment de la conquête de l'Italie par les Lombards un certain nombre d'ouvriers maçons et tailleurs de pierre se réfugièrent dans cette île et s'y installèrent avec leur famille. Attaqués par les conquérants, ils résistèrent pendant plus de vingt années ; forcés de se soumettre en 590, ils ne le firent qu'après avoir obtenu des privilèges importants. Pendant tout ce temps, des liens étroits s'étaient formés entre eux, aussi, après leur départ, songèrent-ils à se retrouver et à s'entr'aider. Ces espèces de francs-maçons avaient conservé les bonnes traditions de l'art de bâtir, et c'est à ces Maestri Comacini que s'adressèrent les Lombards et les Francs, leurs successeurs, pour construire tous les monuments importants qu'ils élevèrent en Italie. Ces compagnons s'en allaient par bandes, se présentaient partout où il y avait à construire une église, un palais, un édifice quelconque et apportaient avec eux leurs secrets et certaines traditions artistiques. A force d'énergie et d'intelligence, quelques-uns d'entre eux devinrent de véritables architectes. Appelés de tous côtés par les villes qui s'étaient érigées en républiques indépendantes, ils construisirent bientôt tous les édifices. Leur importance s'accrut si bien, qu'à Venise, ce sont eux qui achevèrent le palais ducal ; à Sienne, ils concourent pour une large part à construire la cathédrale ; à Pérouse, cinq de leurs maîtres sont chargés de tous les travaux importants ; à Rome même et à Naples, le titre de Magister Comacinus prend une valeur considérable et plusieurs y jouissent d'une grande faveur.

Mais laissons ces époques lointaines pour revenir à des temps plus modernes. La ville de Côme ayant acquis une importance considérable, et l'antique cathédrale n'étant plus, par sa situation éloignée, en rapport avec ce nouveau développement, on résolut d'en construire une nouvelle. Au milieu de la ville, sur une jolie place

LA CATHÉDRALE DE CÔME ET LE PALAIS DU BROLETTO

rectangulaire bordée d'arcades, s'élève cette nouvelle cathédrale.

Ce beau monument remonte à la fin du xve siècle. Son premier architecte s'appelait Lorenzo delli Spazi ; c'est lui qui en a construit les parties les plus importantes. La cathédrale de Côme est une église d'architecture ogivale à trois nefs, séparées par de hauts piliers ; ces nefs donnent dans un transept au-delà duquel un chœur, en forme d'abside, fait face à la nef principale. Cette église n'offrirait donc rien de bien particulier dans ses dispositions générales, si elle n'était accompagnée d'une remarquable façade qui en fait un des plus charmants édifices du nord de l'Italie. Il est superflu de dire que tout le monument est entièrement couvert d'un revêtement de marbre blanc ; le voisinage des carrières qui le fournissent et la proximité du lac servant de moyen de transport, en facilitaient l'emploi. Cette façade indique nettement les trois divisions de l'intérieur par l'adjonction de piliers bien apparents, s'élevant en lignes fermes et nerveuses de la base jusqu'au sommet ; ils sont décorés en outre, dans toute leur hauteur, d'une succession de niches occupées par des statues. Chacun de ces quatre piliers, sorte de contrefort renforçant le mur de face, est terminé par un élégant clocheton à toiture pyramidale. Le grand portail, surmonté d'une rangée de cinq niches abritant des statues, donne accès dans la nef principale ; au-dessus, la rosace déploie les délicateses de ses multiples divisions rayonnantes. Il est difficile de définir bien nettement cette architecture ; c'est un charmant mélange, où l'ogive à son déclin s'accompagne des formes plus classiques de la Renaissance, où surtout la fantaisie du constructeur règne en maîtresse, sans prétendre à un style quelconque, mais dont l'ensemble est toutefois séduisant. A côté, on voit le Broletto, palais communal achevé vers 1215.

En 1486, l'architecte Luchino da Milano, successeur de Lorenzo delli Spazi, présidait un grand banquet, offert aux ouvriers par les fabriciens du Dôme, pour fêter l'achèvement de la façade. L'année suivante, Luchino mourait, et par un acte notarié en date du 20 juillet 1487, Tomasso Rodario de Marigia était nommé " FABRICATOR FIGURARIUM et INGENIERUS FABRICAE ".

Ce nouvel architecte, déjà connu par ses travaux à la Chartreuse de Pavie, plutôt sculpteur que constructeur, remplit ses fonctions jusqu'à sa mort, en 1526 ; c'est-à-dire pendant trente-neuf ans, on peut donc dire qu'il consacra sa vie entière à l'embellissement de la cathédrale. Rodario devait s'occuper d'abord de revêtir de marbre les façades latérales restées dans leur nudité primitive de construction en briques. A cet effet, il fit un premier modèle ; mais fort embar-

CATHÉDRALE DE CÔME, PORTE LATÉRALE (droite)
Par BRAMANTE, 1491

2

rassé de donner à ces murailles une allure vraiment architecturale, il appela à son aide un homme dans le talent duquel on pouvait avoir toute confiance, et s'adressa à Bramante.

Il est très probable que l'illustre architecte, travaillant alors à Milan pour le duc Ludovic le More, ne fut pas seulement consulté, mais qu'il vint à Côme et donna le dessin du revêtement total du mur latéral de droite, des trois fenêtres dont il est percé et de la porte qui s'ouvre de ce côté ; l'ampleur du dessin, la sobriété des détails, la fermeté de la corniche et des contreforts avec leurs gargouilles en forme d'urnes supportées par des atlantes, tout doit le faire admettre. Quant à la porte, nul autre que Bramante n'aurait été capable, à cette époque, de créer une œuvre d'un aussi noble caractère. Encadrée de chaque côté par deux pilastres séparés par des niches, la baie est surmontée d'une corniche ; au-dessus s'étend un arc dont le tympan, divisé en parties rayonnantes, est sculpté de demi figures et d'un bas-relief central représentant la FUITE en ÉGYPTE ; un fronton contenant la tête du Christ, couronne le motif. Pilastres, frises, arcs, sont décorés d'ornements sculptés d'une finesse et d'une délicatesse extrêmes, auxquels la main de Rodario ne paraît pas étrangère. Une plaque de marbre placée tout à côté porte l'inscription : HEC PORTA CEPTA FVIT DIE 6 MESIS IVNIY 1491. La date concorde parfaitement avec l'époque du séjour probable de Bramante à Côme, et il n'est pas besoin de son nom, qui ne figure pas dans l'inscription, pour pouvoir lui attribuer, en toute évidence, la paternité de ce très remarquable morceau d'architecture.

Sur l'autre façade latérale, les frères Rodari, car Tomasso avait un frère nommé Jacopo, et comme lui sculpteur de talent, voulurent, tout en s'inspirant de l'œuvre de Bramante, faire mieux encore. C'était une entreprise téméraire. Le même parti a bien été adopté : une baie rectangulaire accotée de pilastres et surmontée d'un arc dont le tympan est orné de figures. Mais pourquoi ce second entablement ? Pourquoi cet édicule qui le domine sans se relier aux autres parties de l'ensemble ? Pourquoi ces immenses colonnes fuselées, ornées comme des chandeliers d'autel, dont l'inutilité est flagrante ? Enfin, que viennent faire ici ces personnages placés sans nécessité comme couronnement de l'édifice ? Les frères Rodari ont peut-être fait une porte plus riche que celle de Bramante, mais cette richesse est obtenue aux dépens de la correction des lignes, et la profusion de l'ornementation en détruit tout le caractère. Cette porte dite : « de la Rana » est signée et datée : IACOBVS ET TOMASSO RODARI, 1505 ET 1509.

La cathédrale fut achevée plus tard, sur les dessins de Christoforo Solari dit « Il Gobbo ».

CATHÉDRALE DE CÔME, PORTE LATÉRALE (gauche)
Par les frères RODARI, 1509

A l'intérieur de l'église, les frères Rodari se font remarquer par de nombreux travaux : l'autel de Sainte Lucie érigé en 1492, ceux de Saint-Apollinaire et de l'Addorata en 1498, le monument élevé à la mémoire des deux Plines et le grand rétable en bois doré et peint qui surmonte l'autel dédié au si vénéré Saint Abondio. Dans ce magnifique rétable, de l'effet le plus brillant mais d'une confusion désespérante, l'abondance de la sculpture et de l'ornementation, rend l'analyse difficile et l'examen presque pénible, tant le regard est sollicité de tous côtés à la fois par des détails délicieux en eux-mêmes, mais dont l'ensemble devient écrasant.

Artiste convaincu, sculpteur fort habile et délicat, Tomasso Rodario ou Rodari, possédait un talent indéniable, mais toujours malheureusement masqué par la fougue de son imagination.

De Tomasso Rodari à Donatello, la distance est grande, cependant la cathédrale de Côme présente ce contraste et ménage au visiteur la surprise de trouver rangé dans un bras du transept, à côté de statues fort insignifiantes, un délicieux Saint Sébastien en marbre, œuvre si non du maître, au moins d'un de ses plus habiles disciples. Attaché par les mains à un arbre qui lui sert de soutien, le jeune martyr attend la mort dans une pose allanguie, avec une expression d'idéale espérance. Dans sa nudité juvénile, ce corps est d'une souplesse, d'une suavité, d'une passivité déjà presque surhumaine ; sans aucun appareil de martyre, le Saint attend la mort d'où qu'elle vienne, avec une foi intense qui va l'aider à la supporter. Il serait bon de rapprocher cette figure sculptée des nombreux Saints Sébastiens peints par Le Perugin, on y trouverait de grandes analogies dans le caractère général.

La cathédrale possède une série de belles tapisseries exécutées à Ferrare, en 1562. Le duc Hercule II, d'Est (1534-1559) dont les ancêtres avaient puissamment contribué au développement de la tapisserie en Italie, entreprit de relever une fabrication à peu près disparue de ses états. Il attira à sa cour, deux maîtres tapissiers flamands d'une habileté consommée, Nicolas et Jean Karcher. Ce dernier, demeuré chef de l'atelier, a été l'auteur de nombreuses suites exécutées avec une rare perfection, d'après les cartons des peintres Battista Dosso, ferrarais et Luca Cornelio, flamand. La manufacture était autorisée à accepter des commandes de l'étranger ; c'est ainsi que les tapisseries de la cathédrale de Côme furent tissées par Jean Karcher, le peintre milanais Giuseppe Archimbolo en avait composé les sujets et Luca Cornelio, dessiné les magnifiques bordures ornées de rainceaux, de fruits, de fleurs et de feuillages, au milieu desquels se jouent des enfants.

Les Tapisseries de la cathédrale de Côme forment deux séries de même caractère et sensiblement de mêmes dimensions. L'une, l'Histoire de la Vierge, se compose de quatre pièces : 1° La *Présentation au temple* — 2° Le *Mariage de la Vierge* — 3° La *Mort de la Vierge* ; cette pièce porte écrit dans un médaillon : FACTVM FERRARIÆ MDLXII — 4° L'*Assomption de la Vierge*. L'Autre suite comprend : 1° La *Mort d'Abel* — 2° Le *Sacrifice d'Abraham* — 3° *Moïse donnant les tables de la Loi* — 4° *David demandant au grand prêtre du pain pour son armée.*

Quelques tableaux décorent la cathédrale de Côme, mais à côté des peintures de Ferrari, du Guide et du Guerchin, il convient d'en distinguer trois que leur valeur place loin au-dessus des autres : ce sont trois tableaux de Bernardino Luini. Arrêtons-nous devant cette personnalité éclatante pour saluer un des plus grands peintres de la Renaissance Italienne.

BERNARDINO LUINI

Est un météore. Il apparaît soudainement, brille d'un éclat surprenant, puis, tout à coup, disparaît sans laisser de traces. Son nom n'est pas même certain. Est-ce Luini? Est-ce Luino? Il a quelquefois signé Lovino. On a prétendu que Luini ne serait qu'un surnom venu de ce qu'il était né à Luino sur le lac Majeur, et que son père s'appelait Giovanni Laterio. Cela est possible et serait conforme aux habitudes du temps, mais il n'y a pas de preuves. A quelle date est-il né? On l'ignore absolument et on en est réduit sur ce point aux conjectures. Quand il arrive à Milan, vers 1500, venant de Verceil où il travaillait et s'était déjà fait connaître, on peut lui supposer trente à quarante ans; âge correspondant bien à ses portraits, peints vers 1525 et 1530, où il se montre déjà vieux, chauve, avec la barbe blanche. Luini serait donc né vers 1460 ou 1470. Tout est incertain à l'égard de son origine. Du reste, cette recherche ne nous paraît avoir qu'une importance relative et il nous semble plus intéressant de savoir comment s'était formé son talent.

La vieille école milanaise, imbue de son antique réalisme un peu lourd et de sa coloration accentuée, avait encore des adeptes et des disciples à la fin du XVe siècle. A côté d'elle, l'école de Padoue, bien qu'également naturaliste, était plus classique et cherchait à s'inspirer des beautés de la statuaire antique; son coloris était généralement clair : Vicenzio Foppa, condisciple de Mantagna, était à Milan son représentant le plus autorisé. Foppa entraîna à sa suite quelques artistes et renouvela l'idéal poursuivi jusqu'alors par les vieux maîtres milanais. Mais ce fut bien autre chose lorsque Léonard de Vinci vint à Milan, appelé en 1483 par le duc Ludovic le More. Foppa avait préparé les esprits ; aussi la révolution se fit-elle sans secousse, ce qui ne veut pas dire sans enthousiasme.

Cependant, certains groupes d'artistes, un peu éloignés du centre, n'en étaient pas moins restés fidèles aux vieux errements; tels furent les peintres de Verceil. Luini passa plusieurs années parmi eux et se nourrit dès ses débuts des principes de l'ancienne école; Stéfano Scotto fut son premier maître. Mais Luini quitta Verceil pour venir à Milan, fit partie de l'académie della Spina fondée par Léonard et subit, comme presque tous les peintres milanais, l'influence du grand florentin. Chez Luini cette influence fut peut-être encore plus profonde que chez beaucoup d'autres, car, bien que n'ayant pas été à proprement parler l'élève du Vinci, il s'était tellement inspiré de ses œuvres, les copiait même avec un tel amour, que certaines de ses peintures, ont été pendant longtemps confondues avec celles de Léonard. Au contact de cette nouvelle et brillante école, le style sec de Luini, sa couleur violente s'affinèrent et s'atténuèrent ; et, sans efforts, par la merveilleuse aptitude de ses facultés, par les dispositions particulières de son génie, il parvint à réunir l'austérité de Mantégna à la splendeur de Raphaël et à la douceur de Vinci. Et c'est ainsi que Bernardino Luini devint, mais à un âge déjà avancé, l'admirable peintre dont nous allons retrouver les œuvres dans ce beau pays des lacs où il vécut pendant bien des années.

Peu de temps après son arrivée à Milan, Luini devint le héros d'une aventure galante ; et ce qui peut vous le rendre sympathique, Mesdames, c'est que, bien qu'ayant fait une victime, son honneur ne fut pas atteint, et qu'il garda toujours de celle qu'il avait rencontrée le souvenir le plus tendre.

Il avait été invité à venir chez les seigneurs de la Pelucca peindre des fresques sur les murs de la chapelle du château. On a prétendu que cette invitation lui avait été faite pour l'engager à fuir une de ces pestes si fréquentes à Milan pendant ces années de misère et de guerre. Cela est fort possible ; quoiqu'il en soit Luini reçut de la part de cette famille l'accueil le plus empressé et fut bientôt traité avec toutes les marques de la plus vive amitié par le père, la mère et les deux fils ; mais il y avait aussi une fille, Laura, jeune personne d'une remarquable beauté ; des sentiments plus tendres ne tardèrent pas à s'établir entre elle et l'artiste, et cet amour naissant prit bientôt dans le cœur des deux amants une place importante. Cependant les peintures de la chapelle étaient terminées et Luini dut revenir à Milan. Il y était depuis peu de temps, lorsqu'il fut appelé à peindre les grandes fresques de l'église de San Giorgo in Palazzo. Ce travail allait être terminé, lorsque le curé voulant examiner les peintures de près, monta tout en haut des échafaudages et de là, en se reculant, tomba si malheureusement sur le pavé qu'il se tua. Bernardino, effrayé des conséquences que pouvait avoir pour lui un accident dont la justice expéditive du gouverneur, le rendrait peut-être responsable, quitta Milan et se réfugia chez ses amis de la Pelucca, certain d'y trouver une retraite assurée. Il y séjourna cette fois longtemps et couvrit de fresques, non seulement les murs de la villa, mais aussi ceux d'un couvent voisin appartenant aux frères Umiliati. Luini retrouva à la Pelucca, celle à laquelle il avait inspiré de doux sentiments, ils prirent pendant ce nouveau séjour une force toute particulière, si bien qu'un mariage avec un seigneur du voisinage ayant été concerté entre les deux familles, la belle Laura s'y refusa absolument. Malgré les instances réitérées de ses frères, elle persévéra dans cette résolution et finit par exciter le courroux de toute sa famille. Pour l'engager à réfléchir, on l'enferma dans un couvent où, sans céder au désir de ses parents, elle mourut de langueur. (1)

Luini n'oublia jamais cette fiancée de son cœur et peignit plusieurs fois son portrait sous la figure de diverses saintes, surtout de Sainte Catherine d'Alexandrie, admirable de beauté dans la fresque du Monasterio Maggiore à Milan. Néanmoins, il se maria plus tard et eut deux fils : Aurelio et Evangelista. Le premier, qui serait né vers 1530, mourut en 1593 après s'être fait une réputation d'habile paysagiste ; on voit même de lui, au palais Pitti, une Madeleine et un portrait de femme qui ne sont pas sans valeur. Le second, Evangelista, fut célèbre comme ornemaniste et décorateur ; on ne connait pas l'époque de sa mort mais il vivait encore en 1584. Peutêtre Luini avait-il eu un troisième fils né avant les deux autres, et qui serait ce Pietro que Cesare Cantu dans son

---

(1) La villa de la Pelucca a été au commencement du XIXe siècle transformée en ferme, mais plusieurs des peintures de Luini ont pu être conservées. Elles sont aujourd'hui dispersées, on en retrouve quelques-nnes au musée de Breca à Milan, au Louvre, et dans les collections Cernuschi et Kann, à Paris.

livre indique comme ayant toujours aidé le maître dans ses travaux (1).

Il est bien difficile de démêler exactement les circonstances de l'existence de Bernardino Luini; il pourrait s'être marié en 1529, puisqu'il eut un fils en 1530; cependant s'il est né, comme cela semble probable, vers 1470, il aurait eu cinquante-neuf ans en 1529, âge bien avancé pour contracter mariage et pour devenir père, non seulement d'un enfant, mais de trois fils; et cet âge de cinquante-neuf ans correspond parfaitement à l'aspect de ses portraits peints à cette époque. Il faut donc, pour faire accorder toutes ces probabilités, avancer la date du mariage de plusieurs années et faire remonter, comme nous l'avons indiqué, son aventure de La Pelucca aux premiers temps de son séjour à Milan, c'est-à-dire vers 1500 ou 1505.

Tout cela est bien vague. Vazari, l'illustre historien des peintres, ne donne aucun détails sur Bernardino Luini; à peine en fait-il mention subsidiairement dans les biographies de Lorenzetto, de Boccacino et de Benvenuto Garofalo; évidemment, bien qu'il fasse l'éloge de son talent, Vasari ne le connaissait pas, et le peu que l'on sait de lui, nous vient de son confrère à l'académie de Milan,

---

(1) Cesare Cantu : Illustrazione del Lombardo-Veneto, Milan, 1858.

Lamazzo, qui publia en 1584, un traité sur l'art de la peinture (1).

Luini peignit-il encore après 1530? Cela est très probable. Le vigoureux pinceau auquel on doit le grand Crucifiement, dont nous parlerons tout à l'heure, terminé à cette date, ne devait pas tomber immédiatement dans une main débile et impuissante. Mais, jusqu'à quelle époque put-il peindre? A quel moment mourut-il? Personne ne le sait; aucun historien ne le dit, et tout à ce sujet est conjecture. Il disparaît! On a cependant pu conclure d'après une ancienne chronique découverte dans l'église de Notre-Dame à Saronno qu'il serait revenu dans cette ville en 1546 ou 1547. Il vivait donc, mais la date de 1530, inscrite dans l'église du couvent de Lugano et dans la voûte de la chapelle du Monasterio Maggiore à Milan, est la dernière que l'on puisse attribuer à l'une de ses peintures.

Il n'en est pas moins vrai que depuis son arrivée à Milan vers 1500, jusqu'à cette date de 1530, l'œuvre de Bernardino Luini est tellement immense qu'on reste véritablement confondu devant cette surprenante fécondité (2).

Le caractère de Luini peut en partie expliquer

---

(1) Lamazzo: Trat — della pittura — Milan, 1584.

(2) Voir la nomenclature à la fin de cet article.

sa façon d'interpréter la nature humaine et le charme qui se dégage de ses compositions. Il était, paraît-il, de mœurs paisibles, d'humeur douce, toujours courtois et toujours jeune malgré les années, aimable et modeste, admirateur de la grâce et de la beauté, et surtout épris de son art. Poète à ses heures, il sut acquérir comme littérateur une certaine réputation. Cette poésie naturelle se traduisait dans ses compositions peintes en des scènes d'une ineffable tendresse.

Tel a été l'homme, tel a été le peintre en face duquel nous nous trouvons pour la première fois à la cathédrale de Côme.

COME

Revenons maintenant à la Cathédrale de Côme.

Les trois tableaux dont Bernardino Luini est l'auteur, représentent : *La Nativité*, l'*Adoration des Mages,* et *La Madone intrônisée entre des saints.*

La Nativité est une composition un peu confuse, d'une couleur généralement dure; on pourrait presque douter que ce tableau ait été peint par Luini, si le groupe des anges, formant le chœur céleste, n'était, par sa gracieuse ordonnance,

ADORATION DES MAGES (Cathédrale de Côme)
Par BERNARDINO LUINI

une affirmation incontestable de la paternité du maître. Il n'en est pas moins vrai que cette peinture, dont le sujet a si souvent été traité par Luini, semble avoir été faite à la hâte; elle rappelle trop l'école de Verceil et les débuts du maître; on n'y sent pas la savante recherche, la correction de style et la conviction artistique qui lui sont plus tard devenus habituels.

L'*Adoration des Mages* permet de retrouver Luini avec toutes ses qualités. N'est-il pas admirable ce groupe de la Vierge tenant sur ses genoux l'Enfant-Dieu qui pose sa petite main sur le front du vieux roi, tandis que celui-ci agenouillé lui baise humblement le pied? Quel naturel dans la pose de ces personnages, et que de beauté dans ces types pris aux différents âges de la vie! On sent la joie et le bonheur rayonner sur tous ces visages. Le fond du tableau est un curieux assemblage d'animaux : girafes, tigres, éléphants, chameaux, chargés de présents, amenés par des cavaliers, et venus des extrémités du monde pour symboliser l'universelle adoration.

La Vierge intrônisée se rattache par sa haute valeur à la meilleure époque du talent de Luini. Encadrée par une belle architecture, la Madone, assise un peu en arrière sur un siège élevé de plusieurs degrés, tient sur ses genoux l'Enfant Jésus et semble, dans sa fierté maternelle, le présenter à l'adoration des assistants. A ses côtés, deux moines, Saint Gérôme et Saint Antoine, un cardinal, Saint Nicolas, et un évêque Saint Augustin, symbolisent l'Eglise apportant aux pieds du trône ses vénérations; le donataire est agenouillé à droite au premier plan. Cette noble et sévère composition est agrémentée de trois petits musiciens célestes qui, portés sur des flocons de nuages, occupent le haut du tableau, tandis qu'un séraphin, figure véritablement angélique et d'une idéale beauté, est assis sur les marches du trône, joue du luth et chante les louanges du Seigneur. Ce beau tableau est élevé sur une prédelle composée de cinq petits panneaux peints : Saint Pierre, Saint Paul, Saint Jean-Baptiste, Saint Gérôme au désert et sur son lit mortuaire en occupent les compartiments. Voici donc une œuvre complète tout en étant un tableau isolé; Luini s'y montre dans la pleine maturité de son génie : ampleur du dessin, beauté de la forme, noblesse des personnages, grandeur de la scène qu'un peu de charme et de grâce vient cependant atténuer, tout révèle l'artiste consommé. Aussi Luini a-t-il pris la peine de signer cette peinture en écrivant sur une marche : BERNARDINVS LVINVS. Il est regrettable qu'une date n'accompagne pas cette signature.

Nous allons maintenant quitter la ville de Côme pour aller, sans nous éloigner de la région des lacs, admirer Luini en présence de ses

LA VIERGE INTRÔNISÉE
Par BERNARDINO LUINI
(Cathédrale de Côme)

œuvres maîtresses par excellence. A Saronno, il va nous apparaître environné d'une auréole de gloire déjà bien extraordinaire.

SARONNO

Saronno est une petite ville située entre Côme et Milan, auprès de laquelle s'élevaient autrefois un couvent et une église. Le couvent est aujourd'hui désert, et l'église, placée sous le patronage de Santa Maria, " La Madonna " comme on l'appelle dans le pays, sert de paroisse à une partie de la ville. Construite par l'architecte Vicenzo dell' Orto en 1498, dans le style de la renaissance milanaise, achevée en 1516, par Paolo Porta, cette église a été transformée depuis, par les fantaisies les plus baroques du dix-septième siècle. Elle ne conserve de sa gracieuse architecture primitive, que sa coupole, sorte de pavillon hexagonal autour duquel règne une élégante galerie d'arcades retombant sur de minces colonnettes. Ce motif est du reste visiblement inspiré de la coupole de l'église de Santa Maria delle Grazie, à Milan, dont Bramante fut l'architecte ; et il ne nous paraît pas impossible de reconnaître ici son influence, sinon comme dessinateur, au moins comme conseiller.

A l'intérieur, à côté d'une ornementation surabondante, faite de dorures éblouissantes et de colorations éclatantes, apparaissent dans leur magistrale simplicité, les fresques dont Luini a décoré le chœur de cette église.

Quatre grandes compositions s'y font face, deux de chaque côté : à gauche, *le Mariage de la Vierge,* et *la Présentation au Temple ;* à droite, *Jésus au Milieu des Docteurs* et *l'Adoration des Mages.* Nous allons les examiner en détail.

Le Mariage de la Vierge. — A l'intérieur d'un édifice dont l'importance est marquée par la richesse de son architecture, le Grand Prêtre unit les mains de Joseph et de Marie. La fiancée est accompagnée de plusieurs jeunes filles groupées à droite du tableau, tandis que du côté opposé, Joseph est entouré de jeunes gens, dont deux d'entre eux rompent leur baguette, suivant la tradition des Évangiles apocryphes. Les colorations de cette fresque, comme celles de toutes les autres, du reste, sont un peu passées, mais cette dégradation, inévitable après quatre cents ans d'existence, n'atténue en rien la haute portée de l'œuvre. Le choix des brillants costumes, leur diversité, leur richesse, donnent à cette peinture un intérêt très particulier ; mais que dire des personnages eux-mêmes, tous gracieusement posés dans des attitudes pleines de noblesse et de charme, traduisant des sentiments d'allégresse et de bonheur ? Voyez ce beau vieil-

LE MARIAGE DE LA VIERGE (Église de Saronno)
Fresque par BERNARDINO LUINI

lard, le Grand Prêtre, quelle douceur sereine est répandue sur son visage à la longue barbe blanche. Joseph est d'une rare élégance dans sa simplicité lorsqu'il passe, d'un geste gracieux, l'anneau au doigt de sa fiancée ; et Marie, cette fiancée chaste et pure, mais que le peintre a voulu déjà femme et même très femme, avec ce corps superbe, cette délicieuse tête ornée de magnifiques cheveux blonds, type de la beauté milanaise dans toute sa splendeur, quelle modestie et en même temps quelle majesté. Ne reçoit-elle pas le gage de la fidélité de son époux, comme une reine ferait de l'hommage d'un sujet ?

La Présentation au Temple. — A l'intérieur d'un édifice dont la noble architecture indique l'importance, Marie couverte d'un long voile bleu, de ce bleu tendre et lumineux qu'affectionnait Luini et qui lui sert presque de signature, Marie confie son divin Enfant au grand prêtre Siméon qui l'emporte pieusement dans ses bras. Une femme âgée, la prophétesse Anne, demeurée dans le temple au service du Seigneur, adresse à la mère du Christ les paroles recueillies par l'Evangéliste : « Cet Enfant sera en but à la contradiction, il est établi pour la ruine et la résurrection de plusieurs dans Israël ». Une jeune suivante apporte dans une corbeille une paire de colombes, le présent des pauvres, et un berger offre l'agneau destiné au sacrifice. A gauche, quelques personnages, hommes et femmes, assistent à cette présentation. Composition bien pondérée, d'une grandeur simple, un peu solennelle et froide au demeurant, car l'architecture domine trop le sujet, mais rachetant ce manque d'action par les détails les plus charmants. Ainsi, dans l'arcade du fond, ouverte sur la campagne, le peintre a reproduit la Fuite en Egypte, voyage qui s'accomplit dans un ravissant paysage dont l'église même de Saronno, avec son dôme et son haut campanile, fait le fond; à droite, sur un des murs du temple, Moïse est peint tenant les Tables de la Loi, et au-dessous, Adam et Eve sont chassés du Paradis terrestre. Sur un des pilastres, un écriteau porte la signature : BERNARDINVS LOVINVS PINXIT ANNO MDXXV.

Jésus au milieu des docteurs, est la fresque la plus magistrale que Luini ait peint à Saronno. Enfant, presque un adolescent, il avait douze ans dit Saint Luc, Jésus est placé au centre de la composition, debout sur la marche d'une cathédra de marbre. Son attitude, son geste, son regard, l'expression de sa physionomie, tout décèle en lui le sentiment de sa divinité. Pour bien comprendre la beauté de ce tableau, il n'y a qu'à suivre l'évangile de Saint Luc, Luini en a très simplement interprété le texte, mais en a très noblement rendu la haute philosophie. Joseph et Marie revenant de Jérusalem après un jour de fête, et ne voyant pas Jésus parmi ceux qui retournaient avec eux à

LA PRÉSENTATION AU TEMPLE
Fresque par BERNARDINO LUINI
(Église de Saronno)

Béthléem, revinrent le chercher et le trouvèrent dans le temple, au milieu des docteurs, les écoutant et les interrogeant. “ Et tous ceux qui l'écoutaient étaient ravis d'admiration de sa sagesse et de ses réponses. Lors donc qu'ils le virent, ils furent remplis d'étonnement ”. Et sa mère lui dit : “ Mon fils, pourquoi avez-vous agi ainsi avec nous ? Il répondit : Pourquoi me cherchez-vous ; ne savez-vous pas qu'il faut que je sois occupé de ce qui regarde le service de mon père ? Mais ils ne comprirent point ce qu'il leur disait.... ” Marie, dans le tableau, interroge son Fils, mais en même temps, admire avec une ineffable joie, cette intelligence surhumaine qui enseigne les gardiens de la Loi. Et de quel air de Souveraineté lui répond l'Enfant Dieu, la main levée vers le ciel ? Le peintre a été véritablement inspiré par un sentiment religieux puisé aux plus hautes sources du christianisme, quand il a composé le personnage de Jésus révélant ainsi sa divine essence. Les assistants, docteurs et gens du peuple, placés à droite et à gauche du siège où trône Jésus, sont assemblés en des groupes savamment disposés : d'un côté, deux docteurs assis, semblent discuter la loi qu'interprète cet Enfant, dont la science les surprend, et suivent le texte sur un livre ; de l'autre, un vieillard assis, vêtu d'un costume de moine blanc et noir, tient un livre fermé et paraît méditer ; c'est Luini qui a reproduit ses traits dans cette belle tête tournée presque de face et ornée d'une longue barbe blanche. L'intelligence brille sur la physionomie de tous ces personnages, la tendresse sur celui de la Mère et la dignité sur celui de son Fils. Dans cette fresque, Luini n'a pas cherché à tirer son effet de la richesse des costumes, mais leur simplicité est relevée par la convenance des ajustements, par l'ampleur et la fermeté des draperies, par des colorations sobres et harmonieuses qui se font valoir en se justaposant. Ainsi, Jésus est vêtu d'une tunique rouge et d'un manteau bleu, et à côté, Marie est enveloppée d'un long voile bleu pâle, le bleu luinesque, qui fait une douce opposition à ces couleurs éclatantes. L'impression profonde que l'on ressent en contemplant cette scène, vient tout entière de la majesté du sujet et de ce que le génie du peintre a su lui laisser toute sa grandeur.

L'Adoration des Mages, est une composition narrative que Luini a reproduite bien souvent. A Saronno, cette scène, encadrée dans une grande arcade, est traitée avec un certain esprit d'archaïsme qui fait penser à Lorenzo Monaco ou à Gentile da Fabriano, ces merveilleux conteurs du xve siècle. Cependant Luini a su exprimer dans un langage plus élevé les sentiments d'adoration des rois venus de l'Extrême-Orient. Marie, véritable Vierge d'une grâce infinie, d'une candeur et d'une modestie charmante, les yeux baissés, tient

JÉSUS AU MILIEU DES DOCTEURS (Église de Saronno)
Fresque par BERNARDINO LUINI

sur ses genoux, le divin Enfant qui étend la main et semble bénir le vieux mage agenouillé, dans lequel Luini s'est encore représenté lui-même. Un autre mage également agenouillé de l'autre côté, présente l'encens dans un vase d'or, tandis que le roi nègre se fait détacher ses éperons par un négrillon,en attendant qu'il puisse se prosterner à son tour ; des pages et de beaux cavaliers regardent étonnés. Saint Joseph, surpris, lève la main au ciel en apercevant l'étoile fixée sur sa modeste demeure. Le bœuf et l'âne apparaissent derrirèe un mur qui les cache à moitié, tandis qu'au loin, des serviteurs conduisant girafes et chameaux chargés de présents, descendent la montagne. Dans le ciel, un chœur de cinq petits anges soutenus sur un nuage et éclairés par les rayons du Saint-Esprit, chante le cantique d'action de grâce. Dans cette composition, dont le sujet lui était familier, le peintre semble se jouer, laissant courir son pinceau au gré de sa fantaisie, et trouvant dans chacun de ses personnages un type accompli de noblesse, d'élégance ou de beauté. L'âme du peintre, sa foi, sa douce philosophie se laissent deviner à travers la sérénité générale répandue sur l'ensemble du tableau.

Si Luini s'efforça souvent d'imiter Léonard de Vinci, il fut quelquefois, et peut-être sans le savoir, un brillant disciple de Raphaël. Bien qu'il ne paraisse pas avoir jamais connu l'illustre peintre d'Urbino, autrement peut-être que par les gravures de Marc Antoine Raimondi, leur génie se sont du moins rencontrés; en regardant les deux fresques du *Mariage de la Vierge* et de *Jésus au milieu des Docteurs*, il est impossible de ne pas évoquer le souvenir des Chambres du Vatican; même élévation de conception, même clarté dans l'exposition, même largeur de style, même fierté d'allure, même charme et même recherche dans l'idéal de la beauté. Les deux autres compositions: *la Présentation au Temple* et *l'Adoration des Mages* sont d'une moins haute allure, mais elles valent par leur charme, par plus de grâce naturelle, plus de simplicité et moins d'effort. Luini étonne ou provoque l'admiration suivant les sujets qu'il traite, et par sa puissance et par sa liberté. Dans cette église de la Madonna de Saronno, il se classe sans conteste parmi les plus grands peintres de la belle époque de la Renaissance. Sa place doit être marquée immédiatement après Léonard de Vinci et Raphaël.

Luini a complété son œuvre à Saronno en peignant sur une des murailles du cloître une admirable NATIVITÉ. Joseph et Marie sont placés de chaque côté d'une corbeille sur laquelle repose l'Enfant qui vient de naître; entre eux, le bœuf et l'âne montrent leur tête, et par une fenêtre de l'étable ouverte sur la campagne, on

L'ADORATION DES MAGES
Fresque de BERNARDINO LUINI
(Église de Saronno)

voit venir les bergers guidés par un ange planant dans le ciel. Les deux saints personnages sont superbes de beauté plastique et d'extase religieuse, la joie et l'admiration, le respect et la tendresse s'expriment en un charme indicible, tandis que l'Enfant divin, délicieux bambino gracieusement étendu, agite ses petits membres, et, par un geste bien naturel, très familier aux petits enfants, se met un doigt dans la bouche. Les vêtements simples, mais d'une superbe ampleur, les poses si dignes, les visages si nobles, font de cette peinture une œuvre d'art magistrale. Luini devait être bien prodigue de son talent pour en laisser une marque si frappante sur une muraille exposée aux intempéries et aux accidents. Cependant, et, très heureusement, cette fresque nous est parvenue dans un état qui permet encore de l'admirer comme elle le mérite.

Faut-il ajouter que l'église de Saronno renferme encore quelques figures du maître : dans la nef, Saint Sébastien, Saint Christophe, Saint Gérôme et Saint Roch, et dans l'abside formant chapelle en arrière du maître autel, deux anges. Ces peintures, assez dégradées du reste, ne peuvent rien ajouter à la gloire de l'auteur des grandes fresques du chœur.

LUGANO

Nous voici maintenant de retour à Lugano, cette jolie ville que nous avons rapidement traversé à notre arrivée en Italie.

Après avoir terminé en 1525 les fresques de Saronno, Luini vint à Lugano et travailla pendant plusieurs années au couvent des Pères mineurs de l'Observance, dans l'église de Santa Maria degli Angeli. On a voulu expliquer ce long séjour de différentes façons : les uns ont prétendu que Laura Pelluchi était morte dans ce couvent, et qu'en souvenir de ses amours, Luini avait désiré le doter d'une œuvre importante. Cela est possible, si Luini n'était pas encore marié en 1525, rien ne l'empêchait d'entreprendre ce pieux pèlerinage, auquel plus tard une épouse se serait difficilement prêtée. D'autres ont avancé qu'après la mort du curé de San Giorgio, Luini était venu se réfugier derrière les murs de ce couvent, mais, nous l'avons vu, cette hypothèse ne peut être admise. N'est-il pas beaucoup plus simple de penser que les religieux de Lugano voulurent suivre l'exemple donné par ceux de Saronno, faire comme eux décorer leur église de peintures importantes, et qu'ils s'adressèrent au même artiste.

Les fresques de Saronno furent terminées en 1525, celles de Lugano en 1530, et malgré sa prodigieuse activité, Luini n'avait pas trop de cinq années pour venir à bout d'une aussi colossale entreprise; d'autant qu'il n'y donnait pas tout son temps, car l'on sait, par la date 1530 inscrite dans la voûte de la chapelle du Monastorio Maggiore à Milan, que Luini peignait à cette époque les fresques de cette église. La modestie des prétentions de l'artiste n'avait-elle pas en outre de quoi tenter des moines, même franciscains. Cesare Cantu rapporte, que pendant la durée du travail, Luini recevait chaque jour cinq sous de Milan, plus un pain et une soupe; le traité portait que quand les fresques seraient terminées on devait lui compter comme honoraires, 214 livres 8 sous impériaux, mais il ne put les toucher qu'en 1533. Nous admettrons donc que Luini, appelé à Lugano, traita simplement avec les moines pour peindre leur église. Et c'est en face de ces pauvres murailles dénudées que prit naissance dans le cerveau de l'artiste, inspiré par son génie, la célèbre composition du CRUCIFIEMENT ou des TROIS CROIX, comme on l'appelle quelquefois, peut-être la plus belle, mais tout au moins la plus importante des fresques qu'ait exécuté Bernardino Luini.

Cette peinture occupe entièrement le mur qui, élevé sur trois arcades, fait face à la porte de

La Nativité. — Fresque par Bernardino Luini
(Dans le Cloître de l'Église de la Madonna, à Saronno)

l'église et sépare la nef d'avec le chœur. Elle a douze mètres de largeur sur huit en hauteur. La Passion de Notre Seigneur y est toute entière racontée en diverses scènes placées sur des plans différents : en avant, et dominant la composition toute entière se dressent trois grandes croix auxquelles sont attaché le Christ et les deux larrons; à leurs pieds, des personnages disposés en groupes variés participent tous au grand drame qui s'accomplit sur la croix. Les saintes femmes soutiennent Marie qui tombe évanouie dans une attitude tellement pleine de dignité et de langueur qu'il faut encore revenir à Raphaël pour retrouver des expressions d'une telle noblesse ; d'un autre côté, les soldats, figures féroces et barbares, se disputent la robe de Jésus ; plus près de la Croix, un admirable Saint Jean tourne la tête vers le Christ et lui jette un long regard d'une ineffable douleur ; une Madeleine, dans une sorte d'extase, tombe agenouillée en face du Seigneur ; un centurion et des cavaliers assistent à cette Passion, et l'un d'eux tient encore à la main la lance dont il vient de frapper le divin Crucifié.

Les épisodes du second plan, plus nombreux encore, paraissent plus éloignés et se détachent sur un fond de paysage pris dans cette pittoresque région ; on y reconnaît la ville de Lugano et le couvent de Santa Maria degli Angeli, entouré de murailles crénelées d'où émerge le dôme à colonnettes et le campanile de l'église.

Du haut du ciel, une légion d'anges descend pour entourer Jésus d'un cortège triomphal, et apportent aux Fils de Dieu leurs adorations dans les poses les plus aériennes et les plus gracieuses.

Pour se rendre compte de l'intensité d'expression que Luini a su donner à la physionomie de ses personnages, on peut s'attacher au groupe des trois Marie. La mère du Christ succombe sous le poids de l'affreuse douleur qui la frappe, mais quelle souveraine dignité dans l'abandon de toutes ses forces ; et l'autre Marie qui la soutient, quelle anxiété et quelle tendresse dénote l'altération de son visage.

Si nous avons admiré l'élévation de sentiment et la noble ordonnance des fresques de Saronno, que dire de celle-ci où tant de détails, traités avec une science parfaite et un talent merveilleux, concourent à un effet général dont ils augmentent encore la puissance. Jamais Luini ne s'est montré plus fort, jamais son génie de penseur et de peintre ne s'est élevé plus haut, n'a été plus dramatique et plus impressionnant. On ne saurait trop louer cette œuvre colossale et magnifique où, dans bien des parties, Luini devient le digne émule des Mantegna, des Léonard de Vinci et des Raphaël.

Cette admirable fresque est malheureusement en assez mauvais état, mais l'esprit du spectateur

LE CRUCIFIEMENT OU LES TROIS CROIX. — Fresque par BERNARDINO LUINI
(Église du couvent de Santa Maria Degli Angeli, à Lugano)

n'en est pas moins frappé par la grandeur de la pensée qui a dicté cette immense composition et par l'habileté du peintre qui a su, dans des tonalités d'une variété infinie et toujours lumineuses, créer un ensemble d'une suprême harmonie.

Dans les tympans des trois arcades, deux grandes figures, Saint Sébastien et Saint Roch sont accotées de celles des Prophètes de plus petites dimensions. Au-dessus de Saint Roch on lit la date MDXXVIIII ; il n'y a pas de signature.

Luini avait peint pour le réfectoire des moines une Cène qui a en grande partie disparu, ce qu'il en reste donne l'idée d'une peinture faite à la hâte et un peu négligée. Mais il existe, dans la sacristie de l'église, une Màdone entre le Bambino et le petit Saint Jean, où l'on retrouve l'artiste avec tous son charme, sa distinction et son élégance. La Vierge, belle et souriante, tient de chaque main un des deux enfants ; Jésus joue avec un agneau et s'efforce de l'enfourcher, Saint Jean rit en montrant du doigt cette tentative imprudente ; les enfants sont délicieux, la mère est d'une tendresse ravissante. Ce tableau, pris sous un arc ogival laisse deux écoinçons où l'on voit écrit à gauche : BERNARDINO, et dessous ANNO, et en face, à droite, LUINO, et dessous, MDXXX (1).

---

(1) M. Pierre Gauthier, auquel on doit une très belle étude sur Bernardino Luini, parue dans la *Gazette des*

1530 est la dernière date certaine dans l'œuvre de Luini, il devait alors avoir soixante à soixante-dix ans. Au-delà, tout est ténèbre. Où alla-t-il ? Où vécut-il ? Où peignit-il ? Où mourut-il ? Nul ne le sait. Aucun chroniqueur, aucun historien d'art de cette époque n'a daigné s'occuper d'une personnalité si modeste, d'un peintre qu'aucun prince souverain ne protégeait et ne mettait en relief, qui vivait loin de la société des grands, aimant la paix et le silence, réfugié ou caché à l'ombre des églises ou derrière les murailles des cloîtres, estimant lui-même son travail à un fort petit prix, et le produisant avec tant de facilité, si naturellement, que personne, ni peut-être lui-même, ne se doutait qu'il créait des chefs-d'œuvre. Ce que l'on peut admettre, car rien ne vient prouver le contraire, c'est que Luini mourut dans cette région des lacs italiens qui l'avait vu naître, et qu'il avait tant aimé.

PORTRAIT

Les meilleurs documents à consulter pour établir la personnalité du grand artiste, sont ses œu-

---

Beaux-Arts, 1899-1900, a retrouvé dans une maison particulière de Lugano, un fragment de fresque du maître réprésentant le Crucifié entre deux anges ; elle provient d'une ancienne écurie qui avait servi autrefois de salle d'assemblée aux moines.

MADONE. — Fresque par BERNARDINO LUINI
(Dans la sacristie de l'Église de Santa Maria Degli Angeli, à Lugano)

vres elles-mêmes. Au physique, elles nous montrent deux beaux portraits de lui, pris dans la vieillesse de son âge, mais dans la pleine maturité de ses facultés de créateur et de son talent de peintre. A Sarrono, on le trouve de profil et de face dans l'*Adoration des Mages* et dans *Jésus au milieu des Docteurs* : les deux portraits se complètent ainsi pour donner une image réelle de la physionomie de leur auteur. Luini devait être de taille moyenne, la tête forte, le front large, l'œil petit, le regard vif, le teint coloré ; les rides accompagnent ce visage aux traits réguliers comme un ornement qui n'en diminue pas la douceur ; une large calvitie marque d'un accent plus énergique l'élévation de la pensée, et les longues boucles blanches tombant derrière la tête, ainsi que la belle barbe descendant sur la poitrine, font à cette figure aimable un encadrement plein de majesté. Au moral, Luini avait la réputation d'un homme doux, affable, obligeant, honnête et courtois, c'est ainsi que le dépeint Vasari « *fu persona cortese ed amorevole molto delle cose sue* » et Vasari, qui n'avait pas connu Luini et qui l'appelait Bernardino del Lupino, est l'interprète de sentiments recueillis à diverses sources ; cet homme affable et obligeant ne s'était donc pas fait d'ennemis. Peut-être faut-il ajouter qu'il aimait la joie et la gaieté, qu'il s'entourait volontiers de gens heureux, qu'il répandait avec insouciance les productions de son génie, mais il faut dire aussi qu'il était religieux, que sans une foi profonde et sincère, jamais peintre ne serait parvenu à exprimer cette tendresse et cette candeur, cette chasteté et cette virginité dont il orne le visage de ses Madones, cette grâce ineffable qu'il sait donner à ses Bambini, cette suprême majesté dont il décore ses saints, et la philosophie si chrétienne qui découle de toutes les scènes qu'il a représenté. A travers l'œuvre de Luini, même en la restreignant à ce qu'il en a laissé à Côme, à Saronno et à Lugano, on aperçoit clairement le caractère de l'artiste, fait de bonne humeur, de droiture et de sérénité.

C'est à cette région que nous limiterons cette étude, à cette région que Bernardino Luini s'est plu à doter des plus belles et des plus admirables productions de son génie. Cela suffit, il nous semble, à faire comprendre de quelle puissance et de quelle poésie était fait le talent de ce grand artiste, à quelle hauteur il a su s'élever, et quelle large part de gloire doit lui être justement réservée.

NOMENCLATURE

Pour se faire une juste idée de la puissance de création et de la prodigieuse facilité d'exécution de Bernardino Luini, il faudrait parcourir son œuvre tout entière. Sauf quelques tableaux ou fragments de fresque disséminés dans les principales galeries d'Europe, c'est à Milan, en faisant abstraction de la région des lacs, que se trouve la plus grande partie de ses travaux, aussi bien sur les murailles d'églises qu'elles n'ont jamais quitté, que dans les musées où elles ont été recueillies. Nous allons en donner une brève nomenclature :

ÉGLISES

San Giorgio in Palazzo: Scènes de la Passion; belles fresques qui coûtèrent la vie au curé de la paroisse.

Santa Maria del Carmine: La Vie de la Vierge, fresques.

Santa Maria della Passione: Jésus au milieu des docteurs. — Déposition de la croix.

Sant Eustorgio: Plusieurs fresques.

Monasterio Maggiore: Dans l'église dédiée à Saint Maurice, à gauche de l'autel: le donataire Alexandro Bentivoglio, agenouillé, environné de saints parmi lesquels Luini s'est représenté vieux; à droite de l'autel: Ippolita Sforza, femme de Bentivoglio, ravissante de jeunesse et de beauté, entourée de saintes, deux admirables fresques. Dans une chapelle latérale, le Christ à la Colonne, superbe composition, et à côté, la Décollation de Sainte Catherine d'Alexandrie, délicieuse jeune femme blonde, souvenir, croît-on, de Laura Pelluchi, et dans le lointain, le transport, par les anges, du corps de la sainte.

MUSÉE BRERA

Provenant de l'église *Santa Maria della Pace :* les Noces de la Vierge — la Visitation — Présentation au Temple — Nativité de la Vierge — Rencontre de Saint Joachin et de Sainte Anne — Présentation de Marie au Temple — le songe de Joseph — plusieurs Anges.

Provenant du monastère *delle Vetere, à Milan :* Sainte Ursule — Résurrection de Jésus — Saint Thomas d'Acquin — le prophète Habame — Anges.

Provenant du château *de la Pelucca :* Jeune homme à cheval — les Joueuses à la main chaude — Métamorphose de Daphné — Sacrifice du dieu Pan — Départ des Hébreux pour l'Égypte — Naissance d'Adonis — Translation du corps de Sainte Catherine d'Alexandrie : merveilleuse composition exécutée en grisaille, tableau dans lequel l'âme sereine, religieuse et poétique du peintre se mani-

PORTRAIT DE BERNARDINO LUINI
Dans la fresque de l'Adoration des Mages
(A. Saronno)

feste dans toute sa pureté. « Composition d'une grâce ineffable, écrit Charles Blanc, le célèbre auteur de la Vie des peintres. On dirait que la Sainte s'est évanouie dans une extase. Des anges au vol respectueux portent silencieusement ce corps délicat et immaculé que n'alourdit aucun péché et qui exhale un parfum de sainteté. Ils traversent les airs, légers comme un soufle, pâles comme une vision, en contemplant cette douce et belle vierge qui ne pouvait être ensevelie que par des séraphins. Ils sont loin de la terre et près du ciel. » Etait-ce encore un souvenir de la belle et tendre Laura, puisque la fresque provient de la chapelle de la Pellucca ? On a pu le penser sans trop de chances d'erreur. Les lettres C. V. S. X. inscrites sur le sarcophage signifient : *Catarina, Virgo, Sponsa, Christi* (1).

Provenances diverses : Vierge avec l'Enfant — Jeune femme — le Rédempteur — Sainte Marcelle — Sainte Marthe — le Père Éternel — Ange —

---

(1) Sainte Catherine martyrisée à Alexandrie sous l'empereur Maximien en 312, avait subi le supplice de la roue garnie de pointes, puis avait été décapitée. Jeune, belle, noble et savante, elle avait cru pouvoir braver l'empepereur. Son corps fut enlevé la nuit par des anges, afin de le soustraire au contact impur de ses bourreaux, et transporté sur le mont Sinaï où ils l'ensevelirent. L'empereur Justinien fit élever en cet endroit une belle église où la sainte est vénérée.

Tête d'homme — la Vierge et l'Enfant avec Saint Antoine abbé, Sainte Barbe et un ange jouant du luth, très beau tableau signé : BERNARDINVS LOVINVS P. MDXXI.

BIBLIOTHÈQUE AMBROISIENNE

Tobie et l'Ange — Saint Jean-Baptiste — Saint Gérôme — la Vierge — la Vierge avec l'Enfant Jésus et Saint Jean-Baptiste — La Sainte Famille (d'après un carton de Léonard de Vinci) — Saint Jean — Apparition du Christ à la Madeleine — Plusieurs dessins.

PALAIS PARTICULIERS

Palais Litta. — Mariage de Sainte Catherine — Sainte Catherine offrant à Dieu les instruments de sa passion.

Villa Litta. — Où se trouvaient les deux fresques : l'Adoration des Mages et la Nativité, acquises en 1867 par le musée du Louvre.

Les Palais Boremeo, Poldi, Pezzoli, renferment quelques tableaux de Luini.

MUSÉES ÉTRANGERS

Tous les grands musées européens possèdent des œuvres de Bernardino Luini : on en trouve également dans plusieurs collections particulières.

Musée du Louvre. — La Nativité — l'Adoration des Mages — le Christ bénissant — Hérodiade — Petite Sainte Famille — la Forge de Vulcain.

Galerie des Offices, Florence : — Hérodiade, très belle peinture.

www.ingramcontent.com/pod-product-compliance
Ingram Content Group UK Ltd.
Pitfield, Milton Keynes, MK11 3LW, UK
UKHW021159220726
13924UKWH00003B/1220

9 782019 912475